마르크스의 유령

"마르크스"

마르크스의 유령
"마르크스"

로낭 드 칼랑 씀 | 도나시앙 마리 그림 | 정기헌 옮김

함께읽는책

Le Fantôme de Karl Marx
by Ronan de Calan & Donatien Mary
Copyright © Les petits Platons, 2010, All rights reserved.
Translation copyright © 2014 by Cobook
This book is published by arrangement with Milkwood Agency, Séoul

그리하여 군인들은 시장과 사적 소유권을 수호하기 위해 공장 주변에 도열했다. 이 소식을 들은 직조공들은 이번에는 군인들을 향해 돌진하기 시작했다. 그들은 시장과 눈에 보이지 않는 암잠이들에 대항해 대대적인 싸움을 벌였다. 그들의 눈에 그 군인들은 착취자 계급의 화신이자 대표자였다. 계급투쟁은 항상 이런 식으로 진행되기 마련이다. 맞서 싸워 이겨야 할 적이 정확히 누구인지 알기가 쉽지 않기 때문이다. 우리는 자주, 적을 잘못 선택하고 만다.

목차

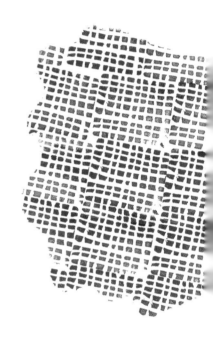

하나의 유령이 유럽을 배회하고 있다…….

안녕! 구텐 탁! 봉주르! 겁먹을 것 없어. 그냥 침대 시트일 뿐이니까! 내 이름은 카를 마르크스. 젊은 시절은 다 가버렸지. 이백 번째 생일이 얼마 남지 않았거든! 하지만 내가 이렇게 유령으로 떠돌기 위해 죽었다고는 믿지 않아! 그렇게 말하는 자들, 그런 말을 끝도 없이 떠들고 다니는 자들을 나는 믿지 않아. 정말 나야. 뼈와 살이 있는 진짜 내가 이렇게 침대 시트를 뒤집어쓰고 있는 거라고! 나를 추격하던 이들을 따돌리는 데 이 시트 하나면 충분했지. 유럽의 모든 나라들이 신성 동맹을 맺고 말을 몰고 산토끼를 사냥하듯 나를 찾는 데 혈안이 되어 있었거든!

사냥개에게 은신처가 발각된 산토끼마냥 줄행랑을 쳤지. 추격자들을 따돌리기 위해 베를린에서 파리로, 파리에서 브뤼셀로, 브뤼셀에서 런던으로 옮겨 다녀야 했어. 그런데 앞으로 보게 되겠지만, 이 시트 덕분에 요즘 그 녀석들이 단단히 겁을 먹고 있지! 내가 죽었다고 믿고 있으니 그 녀석들 눈에는 내가 유령으로 보일 수밖에……

시트를 뒤집어쓰고 뭘 하고 있냐고? 말하자면 길어. 계급투쟁에 관한 이
야기거든. 슬픈 이야기지. 하지만 우리 다 함께 해피 엔딩, 유쾌한 결말을
만들기 위해 노력하지 않으면 안 돼. 유쾌하지 않다면 결말 따위를 생각
해 내는 게 다 무슨 소용이 있겠어!

이 이야기는 내 조국 독일의 슐레지엔이라는 아름다운 이름의 고장에서 시작돼. 내가 세상에 나오기 몇 년 전이었지. 슐레지엔에는 게으르고 탐욕스러운 영주들의 지배를 피해 이주해 온 소농 가족들이 살고 있었어. 자유롭게 각자의 밭을 일구어 수확한 밀을 도시에 내다 팔았지.

어느 날 농부들이 밀을 팔러 도시에 갔을 때 상인이 말했다.

"당신들의 밀은 너무 비싸! 새로운 농기계를 사용하는 베스트팔렌의 농부들은 더 싼 가격에 밀을 파는데 말이지. 그러니 나로서는 당신들보다 그들과 거래를 하는 편이 낫지 않겠나! 그런 눈으로 쳐다보지 말라고. 내 잘못이 아니잖아. 시장의 법칙이 그런 걸!"

슐레지엔의 농부들은 씩씩거리며 집으로 돌아왔다. 그리고 몇 달 만에 수중에 있던 밀을 모두 먹어 치우고 말았다. 해가 바뀌고 새로 농사를 짓는데 필요한 씨앗을 살 돈이 없었던 농부들은 집을 팔 수밖에 없는 처지가되었다.

집을 보러 온 업자가 농부들에게 말했다.

"집값이 너무 비싸군! 포메른의 농부들은 밭을 더 싼값에 팔고 떠났는데말이지. 그런 집 따위에 누가 관심이나 있겠어! 집은 헐값에 넘기고 도시로 나가 일이나 찾아보는 게 나을 거야! 그런 눈으로 처다보지 말라고.내가 뭘 잘못했다고. 시장의 법칙이 그런 걸!"

슐레지엔의 농부들은 도시로 갔다. 모든 것은 도시로 통하게 되어 있으니까. 빈털터리가 된 농부들은 이삿짐도 별로 없었다. 옷가지와 가구 몇 점, 아마나 목화로 옷과 침대 시트를 만드는 데 쓰는 낡은 베틀이 전부였다.

도시에 온 그들은 이제 집 안에서 천을 짜기 시작했다. 더 정확히 말해 침대 시트를 만드는 직조공이 된 것이다. 그들은 밤낮으로 천을 짰다. 그렇게 몇 달이고 몇 년이고 천을 짠 덕분에 식구들을 먹이고, 몸 누일 곳을 마련하고, 새 가구도 장만할 수 있었다. 그렇게 희망을 키워 나갔다. 하지만 어느 날 그들에게서 천을 사 가던 판매인이 말했다.

"당신들의 천은 너무 비싸군! 프랑켄의 방직 공장에서는 더 싼값에 천을 파는데 말이지! 그러니 나로서는 당신들보다 그들과 거래하는 편이 낫지 않겠나. 당신들도 그 공장에 가서 일자리를 알아보는 게 좋을 거야. 그런 눈으로 쳐다보지 말라고. 나 때문에 이렇게 된 게 아니잖아. 시장의 현실이 그렇게 냉혹한 걸!"

절망한 슐레지엔의 직조공들은 방직 공장으로 몰려갔다. 공장 앞에는 이미 엄청난 인파가 모여 있었다. 그들처럼 밭을 버리고 떠나온 농부들, 공장과의 경쟁에서 밀린 수공업자들, 몇 푼 되지도 않는 재산을 일찌감치 탕진해 버린 젊은이들이었다. 그중에는 시장의 규칙을 이해하지 못해 파산한 소상인들도 끼어 있었다. 이런 식으로 이른바 프롤레타리아트라고 불리는 노동계급은 점점 커져만 갔다. 자신의 노동력, 즉 팔의 힘을 팔지 않으면 살아갈 수 없는 이들이었다.

고용을 담당하는 십장이 맨 앞 연단 위에 서 있었다. 십장은 모두를 향해 힘차고 단호한 목소리로 말했다.

"사람 수가 너무 많군. 우리는 그렇게 많은 일손이 필요 없어. 그러니 최대한 적은 임금을 받고 일하겠다는 사람들만 뽑겠어. 우리로서는 높은 임금을 원하는 사람들보다는 낮은 임금을 감수하겠다는 사람들과 거래하는 편이 낫지 않겠나. 각자 원하는 금액을 말하도록. 그런 눈으로 쳐다보지 말라고. 내가 뭘 잘못했다고. 시장이 그렇게 돌아가는 걸!"

첫 번째로 나선 늙은 노동자는 쇠약한 몸 때문에 매우 낮은 금액을 불렀다. 다음 차례의 젊은이는 힘은 더 셌지만 굶주리고 있었기 때문에 그보다 더 낮은 금액을 불렀다. 터무니없이 낮은 액수였다. 세 번째 지원자는 자신을 채용하면 아이들을 공짜 일손으로 제공하겠다고 제안했다. 그리하여 가장 많이 일하면서 가장 적은 임금을 받는 이들에게 일자리가 돌아갔다!

직조공들은 더는 참을 수가 없었다. 정체 모를 그 시장이라는 것이 지옥의 힘을 불러오는 마법사처럼 그들에게서 밭을 빼앗고, 집을 빼앗고, 일을 빼앗는 것도 모자라 이제는 그들의 몸뚱이와 힘까지 빼앗으려 하고 있었다. 누구에게 화를 내야 할지 알 수 없었던 그들이 일단 연단 쪽으로 몰려가자 겁에 질린 십장은 도망가 버렸다. 그들은 이번에는 방직 공장에 들어가 기계를 부숴 버렸다. 매우 낮은 가격으로 천을 제조하는 바람에 그들을 쓸모없는 존재로 만들어 버린 원흉이었다. 그래도 분을 삭이지 못한 그들은 이번에는 천을 쌓아 놓은 창고에 불을 질러 버렸다. 불길이 하늘로 치솟는 순간, 직조공들은 공장 주위를 둘러싼 군인들이 그들을 향해 총을 겨누고 있는 모습을 보았다. [1]

1 1844년 실제로 벌어진 슐레지엔 직조공들의 봉기를 묘사한 것이다. 이 독일 최초의 노동자 대중행동은 청년 마르크스에게 깊은 인상을 남겼다. 자본주의적 착취와 봉건적 수탈이라는 이중의 굴레 속에서 고통 받던 직공들이 봉기를 일으켜 기계를 부수고 자본가의 집을 습격하였다. 이 봉기는 이틀 만에 군대에 의해 진압되었다. 하인리히 하이네의 시 〈직조공의 노래〉, 게르하르트 하우프트만의 희곡 〈직조공들〉, 케테 콜비츠의 판화 〈직공들의 봉기〉 등의 작품에 당시의 상황이 잘 묘사되어 있다.

도망친 십장은 직장에게 달려가 소식을 전했고, 직장은 공장주에게, 공장주는 관청으로 달려가 소식을 알렸다. 관청에서는 왕에게 사람을 보냈다. 왕이 말했다.

"영세 방직업자들과 가내 직조공들이 자신들의 소유가 아닌 공장을 파괴하고 있소. 그들은 우리의 현대 사회와 시장 경제의 초석이랄 수 있는 소유권을 문제 삼고 있는 것이오. 아니, 침해하고 있는 것이오! 그들을 막아야 하오! 우리 군대의 병사들에게 일러 그 반란자들을 막도록 하시오. 반항하면 발포해도 좋소! 그들에게 고하시오. 이는 왕의 명령일 뿐 아니라 시장의 명령이라고!"

그리하여 군인들은 시장과 사적 소유권을 수호하기 위해 공장 주변에 도열했다. 이 소식을 들은 직조공들은 이번에는 군인들을 향해 돌진하기 시작했다. 그들은 시장과 눈에 보이지 않는 앞잡이들에 대항해 대대적인 싸움을 벌였다. 그들의 눈에 그 군인들은 착취자 계급의 화신이자 대표자였다. 계급투쟁은 항상 이런 식으로 진행되기 마련이다. 맞서 싸워 이겨야할 적이 정확히 누구인지 알기가 쉽지 않기 때문이다. 우리는 자주, 적을잘못 선택하고 만다.

하지만 굶주린 직조공들이 발포 명령을 받은 무장 병사들에 대항해 무엇을 할 수 있겠는가? 더욱이 그 명령이 시장의 이름으로 내려진 것이라면?

!
!
!

도시로 유학 온 젊은 철학도였던 나, 카를 마르크스는 그날 아침 그 공장 근처를 지나다가 병사들이 쏜 총탄에 직조공들이 쓰러지는 장면을 목격했어. 땅을 빼앗고, 고향에서 쫓아내고, 빈털터리로 만들고, 착취하는 것으로도 부족하여 시장은 그들의 목숨까지 빼앗았던 거야. 그 슬픈 광경을 목도하면서 나는 철학자 칸트의 표현을 따라 스스로에게 하나의 정언 명령을 내렸어. 쉽게 얘기해서, 엄중히 맹세했다는 말이지. 인간을 모욕하고, 노예로 부리고, 내동댕이치고, 경멸하는 모든 것을 타도하는 데 평생을 바치겠다고 말이야. 무엇보다 나는 모든 이들의 행복을 위해 시장이라는 그 사악한 마법사를 찾아내어 끝장을 내고야 말겠다고 다짐했어. 그 다짐을 영원히 가슴에 새기기 위해 병사들과의 불공평한 싸움의 와중에 바닥에 떨어진 침대 시트 한 장을 주워 간직했지. 슐레지엔 직조공들의 시트! 그때부터 그들을 기억하기 위해 그 시트를 쓰고 다니기 시작한 거야. 지금은 추격자들을 따돌리거나 겁주는 데 요긴하게 쓰고 있지.

슐레지엔 직조공들의 슬픈 이야기, 계급투쟁의 끔찍한 사례를 들었으니
이제 그 이야기의 해피엔딩, 유쾌한 결말을 생각해 낼 차례야. 자, 시장을
잡으러 출발해 보자고!

그런데 뭘 해야 하지? 어디서부터 시작할까? 우선은 우리가 통상적으로
시장이라고 부르는 곳을 한 바퀴 돌아보는 거야. 예를 들어 축제광장에
서 열리는 시장은 어떨까. 그곳에 가면 생선, 고기, 청과물, 가구와 장난
감까지 없는 게 없지. 그런데 하나 주의할 점은, 축제광장 시장이 곧 우리
가 찾고 있는 그 시장은 아니라는 사실! 하지만 금요일마다 축제광장에
서 열리는 이 순진무구해 보이는 행사와, 땅과 집을 빼앗고 직조공들을 착
취하고 죽이는 사악한 마법사의 짓이 똑같이 시장이라는 이름으로 불리
고 있다면, 둘 사이에는 분명 모종의 관계가 있는 게 분명해. 그리고 마침
내 나는 그 모종의 관계를 찾아내고야 말았어!

잠깐, 저게 누구야! 미스터 자본이 카페테라스에 앉아 커피를 마시고 있군. 우아하고, 정중하고, 호감 가는 사람이지. 그가 찬 금시계처럼 심장도 금으로 되어 있을 거라고 말하는 이들도 있더군. 그 말이 사실인지도 모르지. 하지만 항상 그렇듯이 일단 시장이 중간에 끼어들면 문제가 훨씬 복잡해지기 마련이야.

일단은 미스터 자본이 조용히 커피를 즐기도록 내버려두고 조금 후에 다시 찾아오도록 하지.

시장에서 무엇을 보았지? 상품의 거대한 집적, 바로 그거야. 각 상품은 저마다 쓰임새, 즉 사용가치를 지니고 있어. 이를테면 과일, 야채, 고기, 생선 등은 먹기 위한 상품들이지. 우리가 이것들로 할 수 있는 최선의 일이 먹는 거란 말이야! 짚방석 의자는 앉는 데 쓸모가 있고, 장난감은 가지고 노는 데 쓸모가 있지. 이런 관점으로 보면, 각각의 상품들은 저마다 다른 사용가치를 지니고 있는 셈이야. 그리고 이 사용가치들을 서로 비교하는 것은 때때로 매우 어려운 일이지. 물론 햄버거 스테이크를 가지고 놀 수는 있지만, 그 물건이 그렇게 오래 가지는 않을 테니까 말이야. 혹은 장난감을 먹으려고 시도할 수도 있을 거야. 하지만 별로 영양도 없는 데다 자칫하면 이가 부러져 버릴지도 몰라! 장난감과 스테이크는 매우 다른 쓸모를 지니고 있다는 말이야. 하지만 그것들을 모두 상품이라고 부르는 이유는 각각의 쓸모 때문이 아니라 그것들이 모두 판매되는 물건이기 때문이지.

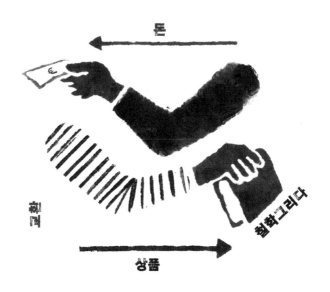

34

손목시계 성냥 약

그림 칼 자전거

기름 총 고기

망치 뼈 롤러스케이트

이번엔 그 상품들을 좀 더 가까이서 들여다보자고. 각 상품들마다 가격이 매겨져 있는 것을 보게 될 거야. 감자 1kg은 큰 동전 한 닢, 이 장난감은 동전 열 닢, 저 짚방석 의자는 동전 쉰 닢 혹은 지폐 한 장. 그렇다면 도대체 가격이란 무엇일까?

가격이란 우선 일정한 금액의 화폐라는 사실쯤은 모두가 알고 있지. 거기서 조금 더 깊이 들어가 보자고. 우리는 지금 시장의 신비를 벗기려 하고 있는 거니까! 다시 한 번 짚고 넘어가자. 화폐란 무엇일까? 동전들, 지폐들, 즉 적당한 값어치의 금속 혹은 인쇄된 종이를 말하지. 이 금속과 종이는 물건을 구매할 때를 제외하고는 아무 쓸모가 없어. 일정한 양의 상품과 교환될 수 있다는 것이 이 물건들의 유일한 사용가치인 셈이지.

앞에서는 말을 안 했지만, 잘 알다시피 우리는 화폐를 가지고 놀 수도 없고, 말 그대로 '물 쓰듯' 사용할 수도 없지. 상품을 구매하는 데 쓸 수 있을 뿐이야. 돈은 감자, 장난감, 의자 등 여러 가지 물건을 구매하는 데 쓸 수 있기 때문에 이 다양한 상품들의 보편적 등가물이라고 할 수 있어. 그러므로 축제광장 시장은 상품들을 현금과 맞바꾸는 장소인 셈이야. 이미 눈치 채고 있었다고?

1. 자료기

하지만 우리는 각 상품에 왜 그런 가격이 붙는지에 대해서는 아직 아무것도 모르고 있어. 왜 감자 1kg의 가격은 큰 동전 한 닢이고, 짚방석 의자의 가격은 동전 쉰 닢 혹은 지폐 한 장일까? 상품의 쓸모에 따라 가격이 정해지는 것일까? 그게 사실이라면, 상품의 가격은 사람들이 삶의 매순간 그것의 쓸모에 대해 내리는 평가에 따라 달라져야 하지 않을까? 예를 들어, 배고픈 사람에게는 햄버거 스테이크가 짚방석 의자보다 백배는 더 가치가 있을 것이고, 아이에게는 감자 1kg보다 장난감 하나가 천배는 더 값어치가 나갈 테니까. 따라서 상품의 가격은 그 쓸모에 따라 결정될 수 없는 거야. 그보다는 그 상품을 생산하는 데 필요한 노동에 따라 결정되는 것은 아닐까? 나는 이것을 노동가치라고 이름 붙였지. 상품의 가격, 더 일반적으로 교환가치는 그 상품의 생산을 위한 필요 노동 시간에 따라 결정되는 거야.

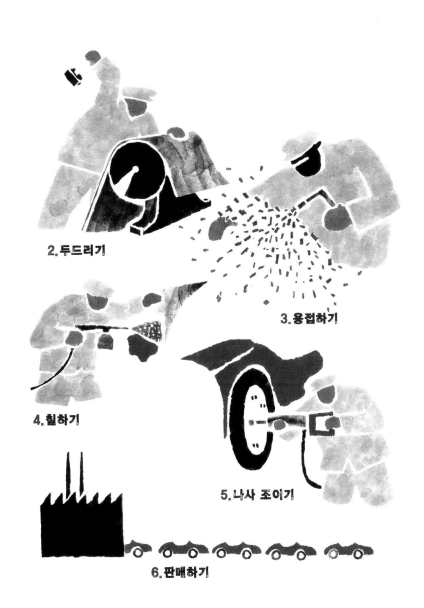

2. 두드리기

3. 용접하기

4. 칠하기

5. 나사 조이기

6. 판매하기

이제 축제광장 시장의 전혀 다른 얼굴이 드러난 셈이야. 우리는 시장에서 단순히 상품과 현금을 맞바꾸기만 하는 것이 아니라, 화폐의 형태로 표현된 일정한 노동량에 대한 등가물과 상품의 형태로 표현된 또 다른 노동량에 대한 등가물을 교환하는 거야. 우리가 찾고 있는 그 시장이라는 것은 우리의 노동 조건 혹은 생산관계에 직접적으로 의존한다고 볼 수 있지. 따라서 상품을 판매하는 축제광장 시장을 벗어나 공장에 가서 노동자들이 어떻게 일하고 있는지를 살펴볼 필요가 있어.

저기, 미스터 자본이 막 커피 잔을 내려놓고 자신의 공장으로 갈 채비를
하고 있군. 그를 따라가 보자!

이곳은 미스터 자본의 사무실. 십장이 가장 낮은 금액을 부른 노동자들을 선별하여 데려왔군. 그중 한 명이 이제 막 고용계약서에 서명하려는 참이야. 그들의 대화를 한 번 들어볼까. 이른바 '협상'이라고 하는 거야. 하지만 곧 보게 되겠지만 이런 경우에 진정한 '협상'이란 불가능하다고 보면 돼. 결국은 미스터 자본이 제시하는 조건대로 될 테니 말이야.

!
!
!

"사장님, 제 사정 좀 봐주세요. 저는 가진 게 아무것도 없기 때문에 적은 임금이라도 받고 이 일을 하겠다고 했습니다. 아내는 병들었고 아이들은 굶주리고 있습니다. 십장과 이미 임금 협상을 했지만, 선불로 돈을 조금 주셨으면 합니다. 부탁입니다!"

"이보게, 시장의 법칙이란 게 있다네. 제대로 키우지도 못할 아이들은 무엇 하러 낳았나? 자네 상황에 대해 내가 무슨 책임이 있다는 말인가?"

"그때까지는 모든 게 순조로웠습니다, 사장님. 저는 손수 만든 짚방석 의자를 팔아서 살아가는 소상인이었습니다. 하지만 새로 들어선 의자 공장이 더 낮은 가격에 의자를 판매하면서 저는 파산하고 말았습니다!"

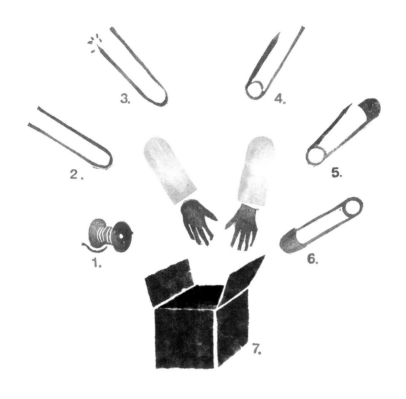

"그래서 어쨌다는 건가? 그게 바로 시장의 규칙인 것을……. 내가 설명해 주지. 내 아버지의 아버지도 자네처럼 소상인이었다네! 하지만 할아버지 는 무엇보다 생산관계에 주목하셨지. 당시에 할아버지는 옷핀을 생산해 서 판매했는데, 그 노동은 높은 숙련을 요구했지. 우선 둥근 틀에 감긴 철 사를 풀어서 펴고, 자르고, 끝을 뾰족하게 만들어야 해. 날카로운 핀을 만들어야 한다는 말이야. 그런 후에는 다른 쪽 끝을 납작하게 펴서 이른 바 옷핀 머리를 만드는 거야. 모두 참으로 어려운 과정이어서 할아버지 혼 자서는 하루에 옷핀을 스무 개 정도밖에 만들 수 없었다네. 다른 일꾼들 은 그마저도 힘들었지."

"그런데 할아버지는 시간을 벌기 위해서는, 즉 돈을 더 벌기 위해서는 일을 나눌 필요가 있다는 것을 깨달았지. 각 과정마다 한 명의 노동자를 배정하는 거야. 한 명이 틀에 감긴 철사를 풀어 내면 다른 한 명은 그것을 곧게 펴는 거지. 그럼 세 번째 노동자는 철사를 절단하고, 네 번째 노동자는 그 끝을 뾰족하게 만드는 일을 하지. 다섯 번째 노동자는 다른 한 끝을 납작하게 만들고, 여섯 번째 노동자는 옷핀 머리를 두드리고, 일곱 번째 노동자는 옷핀을 흰색으로 칠하고, 마지막 노동자는 그렇게 만들어진 옷핀들을 상자에 담는 거야. 분업에 대한 이런 아이디어는 참으로 기발했을 뿐 아니라 무엇보다 단순하다는 장점이 있었어! 이런 식으로 조직된 공정을 통해 하루에 수백 개의 옷핀을 생산할 수 있었고 그만큼 더 많이 판매할 수 있게 되었지. 다시 말해 더 많은 돈을 벌 수 있게 되었다는 말이야. 각각의 노동자들은 매우 단순하고 쉬운 과업을 기계처럼 반복하기만 하면 되었지."

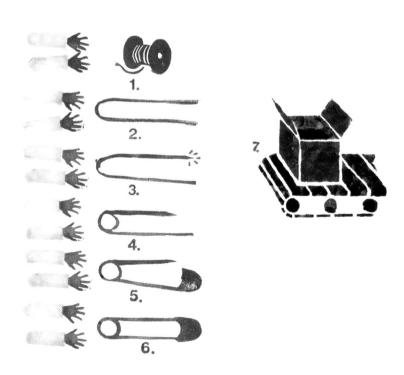

"몇 년 후, 그 사이 공장으로 발전한 옷핀 제조소를 내 아버지가 물려받았을 때, 영국의 한 엔지니어가 자동으로 옷핀을 생산하는 기계를 발명했다네. 이제 노동자는 두 명이면 충분했어. 노동자 한 명이 틀에 감긴 철사를 풀어서 기계에 넣어 주면, 다른 한 명은 기계에서 생산된 옷핀을 상자에 담기만 하면 되었지. 그 기계는 하루에 만 개 이상의 옷핀을 생산해 냈어! 아버지는 가장 낮은 임금을 받고 일하겠다는 두 명만 남겨 놓고 나머지는 모두 내보냈다네."

"이처럼 매우 단순하고 반복적인 작업에 만족하지 못하거나 싫증을 느끼는 노동자는 공장에서 내보내면 그만이었지. 숙련이 필요 없는 작업이라 누구든 그를 대신할 수 있었고, 공장 밖에는 자기 순서를 기다리는 지원자들이 얼마든지 있었으니까. 새로운 기계가 도입되어 일자리를 잃은 이들이 수두룩했어. 자네가 몸소 보여 주었듯이, 고용에 있어 가장 중요한 것은 바로 일하고자 하는 의지라네. 다시 말해, 역시 일하기를 원하는 다른 노동자보다 더 열심히 일하겠다는 의지 말일세."

"하지만 사장님, 직원들의 임금을 좀 더 올려 주실 수도 있지 않나요? 그게 힘들다면 최소한 숨 쉴 틈이라도 좀 주시든지요. 들리는 말로는 이곳 일이 너무 고되다고 하더군요!"

"여보게, 자네의 노고와 노동 시간에 값을 매기는 것은 내가 아니라 자네 자신일세! 나로 말할 것 같으면, 단지 생산 수단, 즉 이 공장과 기계들의 소유자일 뿐이지. 자네의 노동력, 즉 팔의 힘을 내게 팔려고 온 것은 바로 자네 아닌가. 시장에서 누구나 그렇게 하듯이, 나는 가장 싼값에 내놓은 노동력을 구입하는 거라네. 당연하지 않은가! 사과를 산다고 가정해 보게. 자네라면 가능한 가장 싼값에 구입하려고 하지 않겠는가? 내가 자네의 노동력을 구입할 때도 하등 다를 게 없다네!
그러니 마음에 안 들면 그냥 저 문으로 조용히 걸어 나가면 될 일이지. 문밖에 일하고자 원하는 이들이 얼마든지 있으니까. 혹시 아나? 자네보다 훨씬 더 의욕이 넘칠지?"

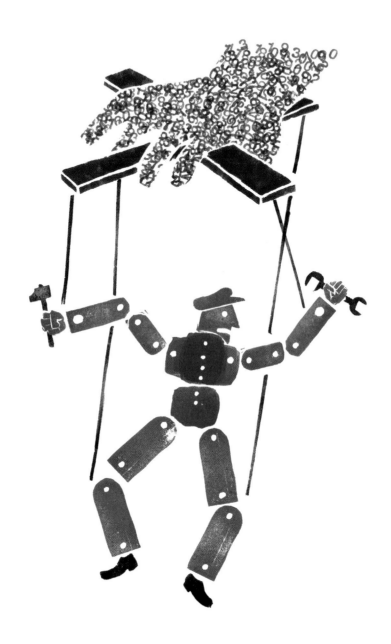

자, 어때? 이야기는 충분히 들은 것 같은데. 시장이란 이런 곳이기도 하지. 노동자들과 생산자들이 근본적인 것, 즉 생산 수단을 소유한 이들에게 자신의 노동력을 최대한 싼 가격에 판매하는 곳이란 말이야. 시장이란 마법사가 아니라 하나의 생산관계를 일컫는 표현일 뿐이야. 이 관계 속에서는 사람 역시 상품이 되고, 가장 적은 임금을 받고 가장 열심히 일하는 노동자들, 즉 가장 길게 일하는 노동자들 덕분에 생산 수단을 소유한 이들이 돈을 더 많이 벌 수 있게 되는 거야! 나는 저 착취당하는 노동자를 도우러 가야겠어. 침대 시트를 뒤집어쓰고 유령 노릇을 한 번 해볼까.

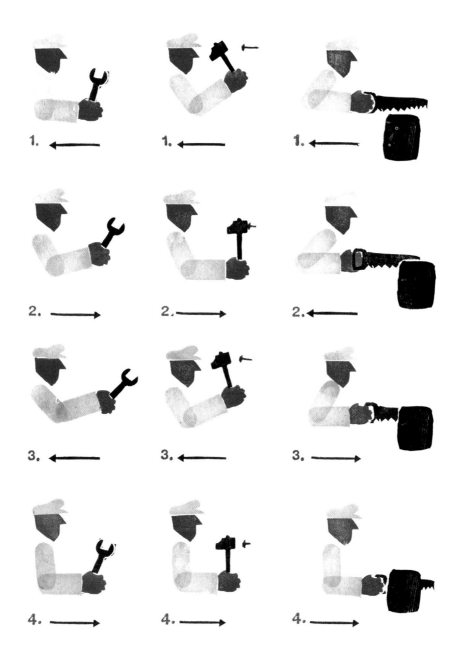

!
!
!

"아아아악, 사람 살려! 마르크스의 유령이 나타났다! 썩 꺼지지 못해, 이 공산주의자!"

"여보게, 자본가 양반, 바보 같은 짓 그만 두게나. 이 노동자를 구하는 것이 곧 자네를 구원하는 일도 된다는 사실을 알아야 하네. 어차피 이런 상황은 더 이상 지속될 수도 없어! 언젠가는 굶주린 노동자들이 들고 일어나 자네를 찾아다니는 날이 오리라는 것쯤은 알고 있을 테지. 맙소사, 내가 자네라면 그런 날은 상상하기조차 싫을 것 같군……. 그러니 사람들이 시장이라고 부르는 그 사악한 정령의 등 뒤로 숨는 짓은 이제 그만 두게나. 그 시장이란 게 바로 자네가 노동자에게 서명을 강요하는 그 불공평한 계약 속에 있다는 것은 이제 잘 알 테니까."

"하지만 노동자가 그 계약을 받아들이는 게 내 탓은 아니지 않은가?"

"그런 말을 하다니 참으로 충격적이지만 완전히 틀린 말은 아니군. 어보게, 노동자 양반, 이 불공평한 상황을 거부해야 한다네. 자네 혼자 거부해서는 소용이 없네. 자네보다 더 가난하거나 더 절망적인 누군가가 자네 자리를 노리고 있을 테니까. 따라서 집단적으로 거부하지 않으면 안 돼!"

"유령 양반, 그럼 내가 뭘 하면 좋겠소?"

"내가 제시하려는 해결책은, 이를테면 상당히 급진적이라고 할 수 있지. 계약의 불공평함은 소유권에 내재한 원초적인 불평등에서 비롯되는 것이라네. 즉, 일부 사람들이 모든 것을 소유하고 나머지 사람들은 판매할 것이 자기 몸뚱이뿐인 상황 말일세. 나는 그래서 한마디로 사적 소유를 폐지하자고 주장하는 바이네!"

"참으로 무책임하군, 가련한 양반!"

미스터 자본은 키득거리며 마르크스를 비웃었다.

"만약 소수가 다수를 착취하는 상황을 받아들이는 것을 책임감 있는 행동이라고 한다면 나는 차라리 무책임한 편을 택하겠네. 하지만 잘 듣게나. 소유권을 폐지하는 것은 프롤레타리아트, 즉 착취당하는 노동자 대중이 할 일일세. 일단 사적 소유가 사라지고 나면 우리 각자는 굴종할 자유, 쥐꼬리만 한 보수를 받고 기계의 일부가 될 자유가 아니라 본래 의미의 자유를 누리게 될 걸세. 이제 각자는 타인에게 예속되지 않고도 만인의 행복에 기여할 수 있게 될 걸세. 오로지 이윤만 생각하는 몇몇 개인 대신 사회 전체가 생산 전반을 조절하게 될 테니까. 각자는 일단 사회적으로 필요한 임무, 즉 밥을 먹고, 잠잘 곳을 마련하고, 교육받기 위해 필요한 일들을 완수하기만 하면 대부분의 시간을 좋아하는 일에 전념하며 보낼 수 있게 될 거야. 이를테면 오전에는 발명, 독서, 창작, 낚시, 사냥 등을 하고, 오후에는 가축을 돌보고, 저녁에는 철학을 공부하는 세상에 살게 되는 거지!"

"당신은 이상주의자로군. 그건 실현될 수 없는 이야기야!"

"아마 그럴지도 모르지. 하지만 인간을 구속으로부터 해방시키는 것이야말로 진정으로 시도할 만한 가치가 있는 일 아닐까?"

미스터 자본과 마르크스의 대화를 듣고 있던 노동자가 말했다.

"나는 당신의 말을 이해합니다. 주변의 프롤레타리아 동료들, 나처럼 아무것도 가진 것 없는 노동자들에게 당신의 생각을 전달하겠습니다."

그러자 미스터 자본이 마르크스와 노동자를 번갈아 보며 한숨을 쉬었다.

"그럼 생각들 나누시구려! 그러는 동안에도 나처럼 책임감 있는 누군가는 모두의 바람대로 최대한 적은 비용으로 상품들을 생산하고 있을 거요……. 당신들이 평등 따위나 논하는 동안 나는 풍요를 생산하는 셈이지!"

"평등에 반하는 풍요라! 그건 도대체 누구를 위한 풍요란 말이오? 잘 생각해 보시오. 자본가 양반, 지금 잘 생각해 보는 편이 나을 거요. 나중이라면 너무 늦을 테니까. 그때는 생각이고 뭐고 걸음아 나 살려라 줄행랑을 쳐야 할지도 모르니……. 아마 젖 먹던 힘까지 다 짜내야 할 거요."

노동자가 미스터 자본을 향해 외쳤다.

!
!
!

자, 상황이 진전되는 것 같으니 이쯤에서 미스터 자본과 노동자가 알아서 하도록 내버려 두어야겠군. 하지만 기뻐하기에는 너무 일러. 모든 가치들을 전복하기 위해서는 어느 편이나 엄청난 노력이 필요한 법이야! 과거의 착취자들을 착취함으로써 불평등한 상황을 뒤집는 것에 그치지 않고 착취 자체를 없애는 것이 우리의 최종 목표니까 말이야!

미스터 자본과 노동자들을 자극하기 위해 내가 다시 등장하는 날이 올 거야. 유령처럼 세상에 출몰하여 급진적인 해결책을 실현하기 위해 노력하는 것, 그게 내 교육법이니까!

지금까지 모험을 함께한 네게도 작별을 고해야 할 것 같군. 또 만날 때까지 우리의 정언명령을 잊어서는 안 돼. 이제부터 그것을 함께 간직하는 거야. 인간을 모욕하고, 노예로 부리고, 내동댕이치고, 경멸하는 모든 것을 타도하자! 슐레지엔 직조공의 침대 시트 한 조각을 네게 줄 테니 우리의 맹세와 함께 잘 간직해야 해!

나는 그럼 이만…….

어디로 가냐고? 이 배는 지금 미국을 향해 가고 있지! 거기서 만나기로 한 사람이 있거든.

미스 월스트리트 패닉!

계급투쟁의 해피엔딩을 꿈꾼 철학자 마르크스를 말하다

"마르크스가 돌아왔다." "마르크스가 옳았다."
2008년 미국발 금융 위기가 세계적 규모로 확대되자 유럽과 미국의 언론은 호들갑을 떨어 댔다. 미국 정부가 파산한 대형 은행과 자동차 회사에 엄청난 구제 자금을 투입하여 사실상 국유화를 단행한 것을 두고 '사회주의' 운운하기도 했다. 불과 20여 년 전만 해도 소련과 동구권 사회주의 체제의 몰락에 환호하며 마르크스의 유산을 관에 처넣고 서둘러 못질을 해대던 그들 아니던가.
'진정한' 마르크스주의자를 자처하는 이들 역시 할 말이 많을 것이다. 현실 사회주의의 몰락을 마르크스주의의 실패와 성급하게 동일시하는 오류를 비판하던 그들에게 신자유주의의 위기는 모욕당하고, 더럽혀지고, 외면당한 마르크스주의의 체면을 다시 세울 수 있는 절호의 기회일 터이다.

그리고 위기는 아직 끝나지 않았다.
지난 300백여 년 동안 크고 작은 위기들을 때로는 매우 폭력적인 방식으로 때로는 매우 유연하게 통과해 온 자본주의가 이 위기를 어떤 방식으로 극복해 나갈지, 그 후에는 어떤 모습으로 변모해 있을지 예측하기란 쉽지 않다. 아마도 마르크스라면 그것을 단순한 예측의 대상이 아니라 변혁을 위한 조건으로 바라보았을 것이다. 그 자신 〈포이어바흐에 관한 테제〉에서 "지금까지 철학자들은 여러 가지 방식으로 세계를 해석했을 뿐이다. 그러나 문제는 세계를 변혁하는 것이다"라고 역설하지 않았던가.
하지만 마르크스 역시 세계를 해석하는 것에서 출발했다. 청년 마르크스는 아버지의 바람대로 변호사가 되기 위해 1835년 본대학 법학과에 진학하지만 그의 관심은 갈수록 철학과 문학 쪽으로 기울었다. 베를린으로 옮겨 간 후에는 청년헤겔학파라 불리던 헤겔주의 좌파와 교류하며 사상적

기초를 마련했다. 훗날 마르크스는 포이어바흐의 유물론과 헤겔의 변증법을 비판적으로 계승하여 변증법적 유물론을 완성했다.
마르크스가 본격적으로 사회·경제적 현실에 관심을 갖기 시작한 것은 철학 박사 과정을 마치고 자유주의 성향의 〈라인 신문〉 편집장으로 활동하면서부터였다. 그러나 1843년 신문이 강제 폐간되고 좌파운동이 정부의 탄압을 받기 시작하자 마르크스는 파리로 망명했다.

마르크스는 파리, 브뤼셀, 쾰른, 런던 등지를 오가며 다양한 급진파 활동가들과 교류했고 의인동맹이라는 비밀결사 단체에 가입하여 활동했다. 훗날 《자본》과 함께 마르크스의 저서들 중 가장 널리 읽히게 될 《공산당 선언》이 발간된 것도 이 시기였다. 마르크스와 그의 동료 엥겔스는 1846년 조직 내의 급진적 음모주의자들과 결별하고 공산주의자동맹을 결성했으며, 1848년 2월 혁명의 기운이 무르익던 시기에 《공산당 선언》을 발간함으로써 공산주의의 원칙을 공개적으로 명확히 천명하였다. 유럽 전역을 떠돌던 공산주의라는 유령이 실체를 드러내는 순간이었다. 《공산당 선언》은 마르크스 사상의 진수가 담겨 있다고 할 만큼 중요한 문헌이다. 사실 이 소책자만 주의 깊게 읽어 보아도 마르크스 사상에 대한 온갖 억측과 비난이 얼마나 부당한지 이해할 수 있다.
가장 대표적인 예가 사적 소유 철폐 주장에 대한 오해이다. 마르크스는 《공산당 선언》에서 다음과 같이 말한다. "당신들은 우리가 사적 소유를 청산하려 한다고 경악한다. 그러나 오늘날 당신들의 사회에서 사적 소유는 사회 성원의 90%에게 이미 폐지되었다. (오늘날은 99%이다!) 소수에게 사적 소

유가 존재하는 것은 오로지 나머지 90%에게 사적 소유가 존재하지 않기 때문이다. 결국 당신들은 사회의 압도적 다수가 아무것도 소유하지 못하는 것을 필수조건으로 하는 소유 형태를 폐지하려 한다고 우리를 비난하는 셈이다."[2] 마르크스가 사적 소유를 철폐하자고 할 때 그것은 개인이 사회적 생산물을 취득할 힘을 박탈하자는 것이 아니라 이러한 취득을 통해 타인의 노동을 자신에게 예속시킬 수 있는 힘을 박탈하자는 것이다.

이 이야기 속에도 작은 밭을 일구며 살던 농부들이 땅과 집을 잃고 도시로 쫓겨나 가내수공업을 경영하다가 대규모 공장과의 경쟁에서 밀려 파산하고 낮은 임금을 받으며 고된 작업을 감수하는 노동자로 변화해 가는 과정이 잘 그려져 있다. 이른바 프롤레타리아트, 즉 자신의 노동을 팔아서만 생계수단을 얻는 사회계급이 형성되는 과정이다.

역사 속에서 단결한 프롤레타리아트가 빼앗긴 몫을 되찾기 위해 들고 일어난 예는 무수히 많다. 하지만 역사는 단순하고 투명한 방식으로만 전개되지 않는다. 현실 사회주의의 실패를 군이 거론하지 않더라도, 이 이야기 속에 등장하는 슐레지엔 직조공들의 봉기를 포함해 프랑스 혁명의 숱한 반란들의 예에서 보듯이 혁명은 언제나 너무 이르거나 너무 뒤늦기 마련이다. 《공산당 선언》은 "지금까지의 모든

2 이하 《공산당 선언》 관련 인용문들은 《세계를 뒤흔든 공산당 선언》(데이비드 보일 지음, 유강은 옮김, 그린비, 2005.)에 수록된 번역본을 참조하되 필요한 경우 일부 수정했다.

사회의 역사는 계급투쟁의 역사이다"라고 명쾌하게 정리하고 있지만, 계급투쟁은 언제나 경제, 사회, 정치, 문화적 요소들이 혼재된 형태로 모습을 드러낸다. 이야기에서 묘사하듯이, 비참한 상황에 분노하여 들고 일어선 노동자들은 공장으로 몰려가 기계를 부수거나(러다이트 운동), 참정권을 요구하거나(차티스트 운동), 부르주아를 도와 반동적인 귀족을 몰아내거나(부르주아 혁명), 일시적이나마 자치 정부를 구성하는 데(파리 코뮌) 성공하기도 했다. 이러한 계급투쟁과 정치투쟁의 어긋남과 일치라는 주제에 대한 마르크스의 고민이 탁월하게 정리된 역작이 바로 프랑스 혁명사 3부작(《프랑스에서의 계급투쟁》(1850), 《루이 보나파르트의 브뤼메르 18일》(1851), 《프랑스 내전》(1871))이다.

1850년대는 변혁을 추구하는 세력에게 시련의 시기였다. 유럽 경제가 공황에서 벗어나 호황 국면에 접어들면서 수구·반동적인 분위기가 확산되고 있었다. 런던으로 건너간 마르크스는 엥겔스의 경제적 지원에 힘입어 대영도서관을 드나들며 영국의 고전 정치경제학 비판 작업에 몰두했다. 그렇게 탄생한 것이 인류사에 새로운 획을 그은 명저 《자본》이다. '정치경제학 비판'이라는 부제가 붙은 이 방대한 저서의 1권은 1867년 발간되었고, 2권과 3권은 마르크스 사후에 엥겔스가 유고를 정리하여 각각 1885년과 1894년에 발간되었다. "자본주의적 생산 양식이 지배하는 사회에서 부는 하나의 거대한 상품 집적으로 나타난다"라는 문장으로 시작하는 《자본》 1권은 자본주의적 상품 생산 과정을 분석한다. 2권은 자본가가 투자한 화폐가 형태 변화를 거치면서 가치를 증식해 가는 '자본의 유통 과정'을 다루고, 3권은 생산 과정에서 창조되고 유통 과정에서 실현된 잉여가치가 개별 자본가들에게 어떻게 분배되고 있는가를 총체적으로 고찰한다.

마르크스는 상품의 판매와 구매가 이루어지는 시장(축제광장 시장)에서 상품 생산이 이루어지는 공장(미스터 자본의 방직 공장) 내부로 시선을 돌린다. 자본가는 노동력이라는 특수한 상품(가치를 생산하는 상품)을 구매하여 생산 수단과 함께 생산 과정에 투입하여 이윤을 얻는다. 노동력을 제공한 노동자에게는 노동력 재생산을 위해 필요한 만큼만 임금의 형태로 지급된다. 이윤의 초과분은 (이윤, 지대, 이자의 형태로) 산업자본가, 지주, 금리 생활자의 수입으로 지급되어 소비되거나 이윤 창출을 위해 자본으로 투자된다. 그리하여 노동자는 자신의 노동의 산물이 거대하게 집적·집중된 자본의 형태로 자신에게 대립하는 상황에 직면하게 된다. 그와 더불어 치열한 경쟁에서 밀려난 자영업자들과 자본가들이 노동자 신세로 전락하면서 사회는 소수의 부르주아 계급과 대다수의 프롤레타리아 계급으로 양분된다. 사적 재산을 증식하려는 부르주아 개인들의 노력이 결과적으로 생산을 사회화하고 프롤레타리아 계급의 단결을 촉진함으로써 "자신의 무덤을 파는 일꾼을 생산하는 셈이다."

그렇다면 자본과 노동의 대립이 지양된 사회는 어떤 모습일까? 마르크스는 《공산당 선언》에서 그 과정과 결과를 대략적으로 묘사한다. "프롤레타리아트가 부르주아지에 대항하는 투쟁에서 필연적으로 하나의 계급으로 단결한다면, 또 혁명으로 지배계급이 되어 지배계급으로서 낡은 생산관계를 폭력적으로 청산한다면, 그들은 이러한 낡은 생산관계와 아울러 계급 대립의 존립 조건과 계급 일반을 폐지할 것이며, 결국에는 자기 자신의 계급적 지배까지도 폐지할 것이다. 계급과 계급 대립으로 얼룩진 낡은 부르주아 사회 대신에, 개인의 자유로운 발전이 만인의 자유로운 발전의 조건이 되는 연합체가 등장하게 될 것이다." 착취 받던 다수의 대중이 소수의 착취자들을 착취하는 단계(프롤레타리아 독재)를 넘어서 착취의 조건인 계급 대립을 폐지하는 데까지 나아가야 한다는 말이다. 마르크스는 그 과정이 매우 고되고 지난하리라는 점 또한 예견했다.

인류 사상사에서 마르크스만큼 많은 추종자와 반대자를 거느린 인물도 드물다. 전혀 무관한 사람들이 마르크스주의자 행세를 하거나, 마르크스주의자로 지목되어 억울하게 희생되기도 했다. 또한 수많은 갈래의 마르크스주의가 존재해 왔고 지금도  새롭게 형성 중이다. 마르크스의 유령은 지금도 전 세계를 배회하고 있다. 월스트리트에서 아테네까지, 상하이에서 카이로까지, 신자유주의적 세계화의 여파가 미치는 곳이라면 어디든 침대 시트를 뒤집어쓰고 배회하는 그의 모습을 만날 수 있다. "인간을 모욕하고, 노예로 부리고, 내동댕이치고, 경멸하는" 체제가 지구상에 존속하는 한 그 유령은 언제라도 뼈와 살을 가진 인간으로 다시 나타나 "지배계급을 벌벌 떨게 할 것이다." 우리는 역사로부터 "계급투쟁이라는 슬픈 이야기"를 물려받았다. 그 이야기의 해피엔딩을 상상하고 실현하는 것은 고스란히 우리의 몫으로 남아 있다.

옮긴이 정기헌

마르크스를 더 알고 싶다면

《세계를 뒤흔든 공산당 선언》, 데이비드 보일 지음, 유강은
옮김, 그린비, 2005.
《자본》, 카를 마르크스 지음, 강신준 옮김, 길, 2008.
《마르크스 사용 설명서》, 다니엘 벤사이드 지음, 양영란
옮김, 에코리브르, 2011.
《맑스 자본 강의》, 데이비드 하비 지음, 강신준 옮김, 창비,
2011.
《왜 마르크스가 옳았는가》, 테리 이글턴 지음, 황정아 옮
김, 길, 2012.

옮긴이 정기헌

파리8대학에서 철학을 공부하고, 한국외국어대학교 통역
번역대학원을 졸업했다. 번역한 책으로는 《프란츠의 레퀴
엠》, 《남겨진 사람들》, 《고독의 심리학》, 《트레이더는 결
코 죽지 않는다》, 《고양이가 내게 말을 걸었다》, 《퀴르 강
의 푸가》, 《철학자에게 사랑을 묻다》, 《프랑스는 몰락하
는가》, 《해피스톤은 왜 토암바 섬에 갔을까?》, 《괜찮아 마
음먹기에 달렸어》, 《리듬분석》, 《논 피니토: 미완의 철학》
등이 있다. 〈르몽드 디플로마티크〉 한국판 번역에도 참여
하고 있다.

마르크스의 유령
"마르크스"

초판 1쇄 발행 2014년 6월 16일

지은이 로낭 드 칼랑
그린이 도나시앙 마리
옮긴이 정기헌
펴낸이 양소연

기획편집 함소연 **디자인** 하주연 이지선 **마케팅** 이광택
관리 유승호 김성은 **인터넷사업부** 백윤경 최지은

펴낸곳 함께읽는책 등록번호 제25100-2001-000043 **등록일자** 2001년 11월 14일

주소 서울 금천구 디지털로 9길 68, 1104호.(가산동, 대륭포스트타워 5차)
대표전화 1688-4604 **팩스** 02-2624-4240 **홈페이지** www.cobook.co.kr
ISBN 978-89-97680-11-5(04100)
          978-89-97680-00-9(set)

함께읽는책은 도서출판 **나눔의집** 의 임프린트입니다.

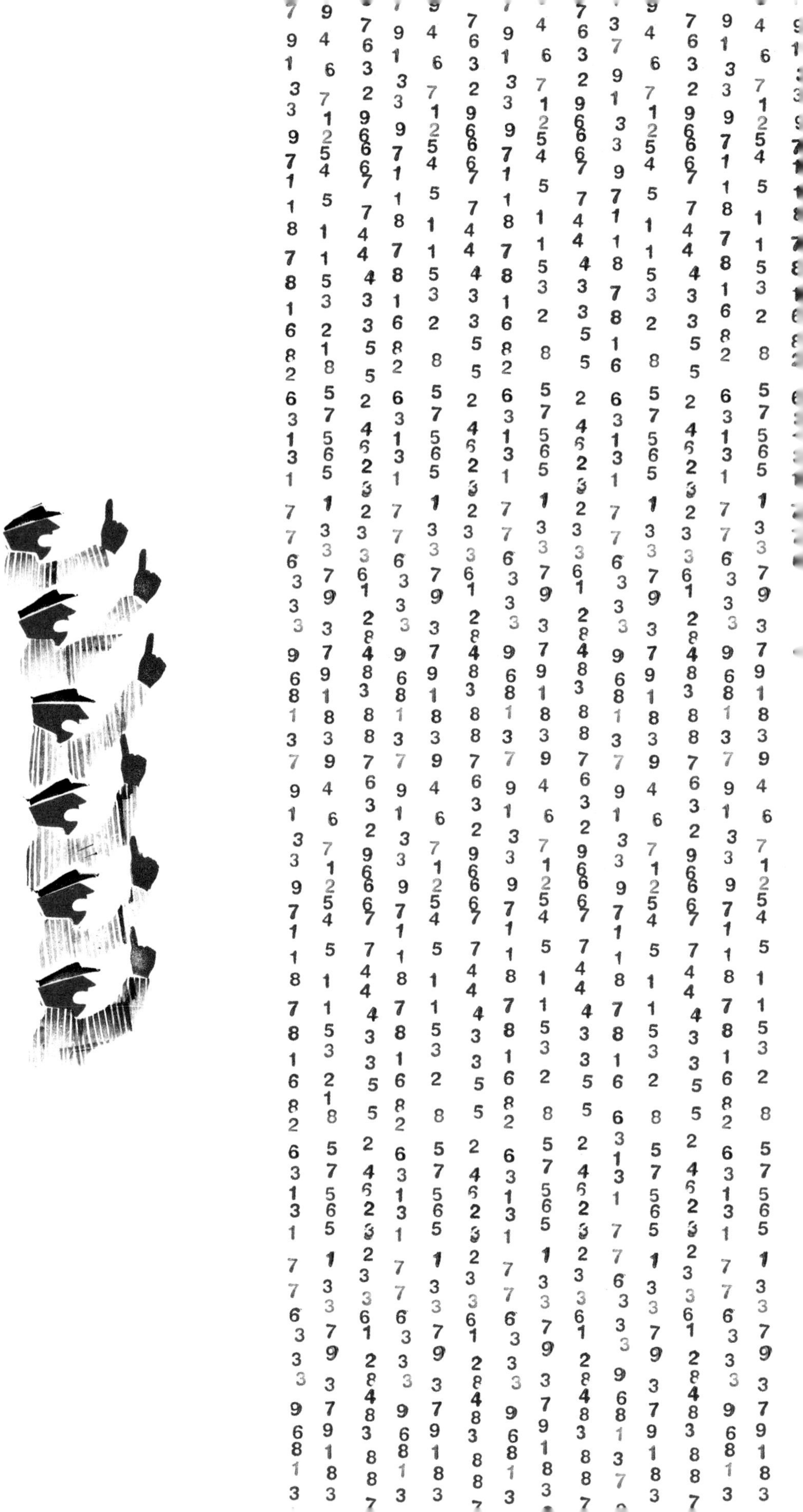